Mallarmé   L'Après-midi d'un faune

Réserve

Alphonse DERENN

Par Stéph

PRIX

175 Exemplaires sur Japon léger et Hollande

(Avec ou sans les attaches)

Avec Frontispice et Ex-libris hors pages

16 PAGES GRAND IN-8º DANS UNE COUVERTURE EN

Cette publication, offerte aux Bibliophiles, montre,

Cette affiche ne peut être apposée qu'à l'intérieur.

E, 52, Boulevard Saint-Michel

Églogve

HANE **MALLARMÉ**

PRIX

20 Exemplaires sur grand Japon

(Numérotés à part)

s, Fleurons et Cul-de-lampe dans le texte, en deux couleurs

FEUTRE DU JAPON, A TITRE D'OR, AVEC TRESSES EN SOIE ROSE-DE-CHINE.

avec les matériaux les plus rares, tout le savoir-faire qui honore la Typographie et l'Édition contemporaines.

Paris. — Imp. Motteroz, 31, rue du Dragon

L'Après-Midi d'un Faune.

L'APRÈS-MIDI

D'VN

FAVNE

L'APRÈS-MIDI

D'VN

Églogve

par

STÉPHANE MALLARMÉ

avec frontispice, flevrons & cvl-de-lampe

PARIS

ALPHONSE DERENNE, ÉDITEUR

52, BOULEVARD SAINT-MICHEL, 52

M DCCC LXXVI

Offrir à trois amis, ayant pour nom CLADEL, DIERX & MENDÈS, ce peu de vers (qui leur plut) y ajoute du relief ; mais autant vaut que mon cher Éditeur en saisisse le public rare des amateurs : l'illustration faite par MANET l'ordonne.

LE FAVNE

Ces nymphes, je les veux perpétuer.

         Si clair,
Leur incarnat léger, qu'il voltige dans l'air
Assoupi de sommeils touffus.

       Aimai-je un rêve ?

Mon doute, amas de nuit ancienne, s'achève
En maint rameau subtil, qui, demeuré les vrais
Bois mêmes, prouve, hélas ! que bien seul je m'offrais
Pour triomphe la faute idéale de roses —

Réfléchissons...

     ou si les femmes dont tu gloses

Figurent un souhait de tes sens fabuleux !
Faune, l'illusion s'échappe des yeux bleus
Et froids, comme une source en pleurs, de la plus chaste :
Mais, l'autre tout soupirs, dis-tu qu'elle contraste
Comme brise du jour chaude dans ta toison ?
Que non ! par l'immobile et lasse pamoison
Suffoquant de chaleurs le matin frais s'il lutte,
Ne murmure point d'eau que ne verse ma flûte
Au bosquet arrosé d'accords ; et le seul vent
Hors des deux tuyaux prompt à s'exhaler avant
Qu'il disperse le son dans une pluie aride,
C'est, à l'horizon pas remué d'une ride,
Le visible et serein souffle artificiel
De l'inspiration, qui regagne le ciel.

O bords siciliens d'un calme marécage
Qu'à l'envi des soleils ma vanité saccage,
Tacites sous les fleurs d'étincelles, CONTEZ
» *Que je coupais ici les creux roseaux domptés*
» *Par le talent ; quand, sur l'or glauque de lointaines*
» *Verdures dédiant leur vigne à des fontaines,*
» *Ondoie une blancheur animale au repos :*
» *Et qu'au prélude lent où naissent les pipeaux,*
» *Ce vol de cygnes, non ! de naïades se sauve*
» *Ou plonge...*

    Inerte, tout brûle dans l'heure fauve

Sans marquer par quel art ensemble détala
Trop d'hymen souhaité de qui cherche le *la* :
Alors m'éveillerais-je à la ferveur première,
Droit et seul, sous un flot antique de lumière,
Lys ! et l'un de vous tous pour l'ingénuité.

Autre que ce doux rien par leur lèvre ébruité,
Le baiser, qui tout bas des perfides assure,
Mon sein, vierge de preuve, atteste une morsure
Mystérieuse, due à quelque auguste dent ;
Mais, bast ! arcane tel élut pour confident
Le jonc vaste et jumeau dont sous l'azur on joue :
Qui, détournant à soi le trouble de la joue,
Rêve, en un long solo, que nous amusions
La beauté d'alentour par des confusions
Fausses entre elle-même et notre chant crédule ;
Et de faire aussi haut que l'amour se module
Évanouir du songe ordinaire de dos
Ou de flanc pur suivis avec mes regards clos,
Une sonore, vaine et monotone ligne.

Tâche donc, instrument des fuites, ô maligne
Syrinx, de refleurir aux lacs où tu m'attends !
Moi, de ma rumeur fier, je vais parler longtemps

Des déesses ; et, par d'idolâtres peintures,
A leur ombre enlever encore des ceintures :
Ainsi, quand des raisins j'ai sucé la clarté,
Pour bannir un regret par ma feinte écarté,
Rieur, j'élève au ciel d'été la grappe vide
Et, soufflant dans ses peaux lumineuses, avide
D'ivresse, jusqu'au soir je regarde au travers.

O nymphes, regonflons des SOUVENIRS divers.
» *Mon œil, trouant les joncs, dardait chaque encolure*
» *Immortelle, qui noie en l'onde sa brûlure*
» *Avec un cri de rage au ciel de la forêt ;*
» *Et le splendide bain de cheveux disparaît*
» *Dans les clartés et les frissons, ô pierreries !*
» *J'accours ; quand, à mes pieds, s'entrejoignent (meurtries*
» *De la langueur goûtée à ce mal d'être deux)*
» *Des dormeuses parmi leurs seuls bras hazardeux :*
» *Je les ravis, sans les désenlacer, et vole*
» *A ce massif, haï par l'ombrage frivole,*
» *De roses tarissant tout parfum au soleil,*
» *Où notre ébat au jour consumé soit pareil.*
Je t'adore, courroux des vierges, ô délice
Farouche du sacré fardeau nu qui se glisse
Pour fuir ma lèvre en feu buvant, comme un éclair
Tressaille ! la frayeur secrète de la chair :
Des pieds de l'inhumaine au cœur de la timide

Que délaisse à la fois une innocence, humide
De larmes folles ou de moins tristes vapeurs.
» *Mon crime, c'est d'avoir, gai de vaincre ces peurs*
» *Traîtresses, divisé la touffe échevelée*
» *De baisers que les dieux gardaient si bien mêlée ;*
» *Car, à peine j'allais cacher un rire ardent*
» *Sous les replis heureux d'une seule (gardant*
» *Par un doigt simple, afin que sa candeur de plume*
» *Se teignît à l'émoi de sa sœur qui s'allume,*
» *La petite, naïve et ne rougissant pas :)*
» *Que de mes bras, défaits par de vagues trépas,*
» *Cette proie, à jamais ingrate, se délivre*
» *Sans pitié du sanglot dont j'étais encore ivre.*

Tant pis ! vers le bonheur d'autres m'entraîneront
Par leur tresse nouée aux cornes de mon front :
Tu sais, ma passion, que, pourpre et déjà mûre,
Chaque grenade éclate et d'abeilles murmure ;
Et notre sang, épris de qui le va saisir,
Coule pour tout l'essaim éternel du désir.
A l'heure où ce bois d'or et de cendres se teinte
Une fête s'exalte en la feuillée éteinte :
Etna ! c'est parmi toi visité de Vénus
Sur ta lave posant ses talons ingénus,
Quand tonne un somme triste ou s'épuise la flamme.

Je tiens la reine !

     O sûr châtiment...

          Non, mais l'âme

De paroles vacante et ce corps alourdi
Tard succombent au fier silence de midi :
Sans plus il faut dormir en l'oubli du blasphème,
Sur le sable altéré gisant et comme j'aime
Ouvrir ma bouche à l'astre efficace des vins !

Couple, adieu ; je vais voir l'ombre que tu devins.

195 exemplaires dont 20 sur japon

ont été imprimés chez

ALPHONSE DERENNE